AF340331

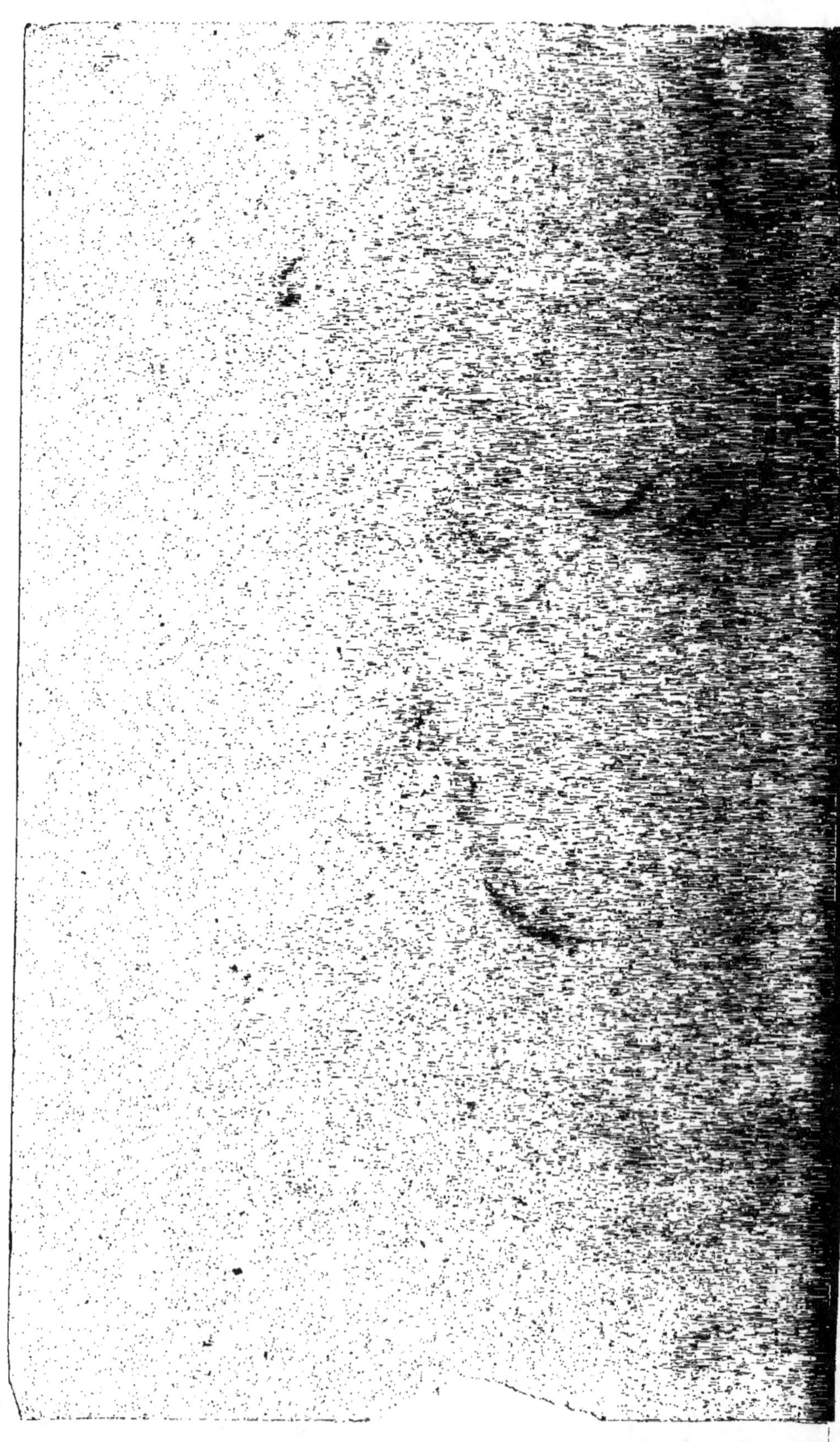

TRAITÉ ÉLÉMENTAIRE

D'ACCENTUATION LATINE

PAR

M. L'ABBÉ VIOT

CHANOINE HONORAIRE DE TOURS
ANCIEN CHEF D'INSTITUTION

PARIS

JACQUES LECOFFRE et Cie, Libraires
Rue du Vieux-Colombier, 29

TOURS

JULES BOUSEREZ, LIBRAIRE
Rue de l'Intendance, 16

1857

TRAITÉ ÉLÉMENTAIRE

D'ACCENTUATION LATINE

Il n'est peut-être pas de contrée en Europe où la langue latine soit plus mal accentuée qu'en France. Aussi les lettrés étrangers en sont-ils choqués, et nous reprochent-ils avec raison d'accentuer le latin comme le français, ou plutôt de ne pas l'accentuer du tout, ce qui est tout-à-fait opposé au génie de cette langue, et lui fait perdre une grande partie de son harmonie, de son énergie et de sa clarté; on peut même dire que l'accentuation est tellement essentielle à la langue latine, que supprimer l'accent, c'est la défigurer entièrement, c'est la dénaturer.

Dans la liturgie, dans le chant ecclésiastique, il est vrai, nous avons conservé, jusqu'à ce jour, non toutefois sans quelques altérations, la pratique des règles de l'accent; mais en dehors de la liturgie et du chant de l'Église, l'étude et la pratique de ces règles sont généralement abandonnées en France, et par les élèves, et par le plus grand nombre des professeurs.

Il n'en était pas ainsi dans les siècles précédents. L'étude des règles qui régissent l'accent était prescrite par l'Université, et considérée comme une branche très-importante, comme une partie essentielle de l'enseignement.

Depuis quelques années un certain nombre de savants professeurs déplorent cet état de choses, et appellent de tous leurs vœux la restauration de l'accentuation latine en France.

« Cette restauration de l'accent (dit le savant
« M. Quicherat dans l'avertissement sur la 14ᵉ édition
« de son *Traité de versification latine*), serait d'une
« exécution très-facile, et ne prêterait à aucune des
« objections qu'on élève contre la réforme de la pro-
« nonciation grecque. Je serais heureux de la voir se
« réaliser et d'y avoir concouru. »

« Quant à l'étude de la prosodie (dit M. Stephen
« Morelot, *Revue de l'Enseignement chrétien*, tome 1ᵉʳ,
« p. 239), loin que la pratique de l'accentuation puisse
« lui porter atteinte, elle en recevrait, au contraire,
« une plus vive impulsion, par la nécessité où l'on serait
« d'initier les commençants à la connaissance de ses
« principales règles, celles qui déterminent la quantité
« des dernières syllabes de chaque mot. En outre, on
« ne voit pas que l'oubli où l'on a laissé tomber l'accen-
« tuation, ait contribué en rien à faire progresser cette
« partie de l'enseignement. Loin de là, rien n'est plus
« barbare que la manière dont les vers sont scandés
« dans les classes, et il faut reconnaître que cette per-
« pétuelle violation des lois de la prosodie a sa source
« dans la fausse prononciation qui nous fait déplacer
« l'accent de chaque mot. L'habitude d'une pronon-
« ciation correcte rendrait l'oreille plus sévère pour les
« fautes de ce genre, et la différence pratique de l'ac-
« cent et de la quantité ressortirait naturellement de
« leur distinction théorique, qui ne permettrait pas de
« confondre l'élévation de la voix sur une syllabe avec
« le prolongement de cette syllabe. »

Nous pensons que pour atteindre à ce but, celui de la
restauration pratique de l'accent latin dans notre pays,
il faut prendre le mal à sa source. Or, c'est évidemment
dans le premier enseignement donné aux élèves des
classes élémentaires que se trouve la racine, le principe du mal : les premières habitudes se corrigent si dif-
ficilement.

Il est donc de la plus haute importance d'accoutumer
les enfants à bien faire sentir la quantité et l'accent
de chaque mot, dès le premier jour qu'ils commencent
à étudier le latin.

Et qu'on n'aille pas s'imaginer que la chose soit très-difficile. Il faut sans doute que le professeur ait acquis d'abord une connaissance exacte des principes qui régissent l'accent, et des règles de la quantité, qu'il se soit exercé à les mettre en pratique, qu'il veille beaucoup, surtout dans les commencements, sur la manière dont les élèves accentuent; mais l'expérience que nous en avons faite nous-même depuis quelques années nous a prouvé que les enfants s'y accoutument très-facilement, et qu'ils s'en font même un plaisir.

Du reste, pour faciliter à ces derniers la connaissance et la pratique de l'accent, et pour épargner beaucoup de peine et de fatigue aux professeurs, nous jugeons très-utile, et nous émettons le vœu, que dans les grammaires latines, et dans tous les auteurs latins qu'on met entre les mains des élèves, jusqu'en troisième au moins, les accents toniques soient placés sur tous les mots où cela est nécessaire (*).

Je le répète, si les enfants ne sont pas accoutumés dès le début à la pratique de la quantité et de l'accentuation, ils prononcent le latin comme du français, et n'accentuent pas du tout, comme on s'en aperçoit tous les jours en entendant lire un texte latin non-seulement à des élèves de cinquième et de quatrième, mais même à la plupart de ceux qui ont terminé leurs études. On travaille un peu, il est vrai, en quatrième, mais le plus souvent infructueusement, à corriger les premières habitudes déjà invétérées.

(*) Il serait même très-utile de placer un petit traité d'accentuation à la tête de tous les classiques latins destinés aux élèves.

NOTIONS PRÉLIMINAIRES.

I.

Les accents, en latin, sont des signes inventés pour marquer, non la longueur ou la brièveté des syllabes, mais le ton et les inflexions de la voix dans la prononciation.

Ces signes étaient déjà employés, par les grammairiens qui traitaient cette question, à l'époque de la belle latinité, et étaient même anciens un siècle après celui d'Auguste.

Il y avait primitivement trois accents, savoir: *l'aigu* , qui s'élevait de gauche à droite, pour indiquer que la voix devait s'élever; le *grave* `, qui s'abaissait de gauche à droite, pour marquer qu'elle devait s'abaisser; et le *circonflexe*, formé de la réunion des deux premiers, pour annoncer que la voix devait s'élever et s'abaisser ensuite sur la même syllabe (*). Le circonflexe se plaçait toujours sur les pénultièmes longues de leur nature, lorsque la dernière était brève. Exemple : *Romănŭs*.

Mais, vers le treizième siècle, bien qu'on enseignât encore la théorie de l'accent circonflexe, et qu'on l'écrivît

______

(*) On voit qu'il n'y a pas le moindre rapport entre les accents en français et les accents en latin.

Il ne faut pas non plus confondre les accents dont nous parlons dans ce traité, avec l'accent grave et l'accent circonflexe employés quelquefois en latin comme signes discrétifs, pour aider à distinguer certains mots invariables d'autres mots variables qui leur ressemblent, ou bien pour annoncer qu'un mot est à l'ablatif, ou au génitif, comme dans *Doctè* (*savamment*), pour le distinguer de *Docte*, voc. de *Doctus*; dans *adversùs*, contre, pour le distinguer de *adversus*, adjectif; dans *Terrá* (abl.), *Fructûs* (génitif), etc. Cette sorte d'accent ne sert qu'à indiquer à l'œil, telle ou telle espèce de mots, tel ou tel cas: ils n'ont aucun rapport avec l'accent tonique, dont nous allons donner les règles dans ce traité; on ne les emploie ni à Rome, ni en Allemagne. En France même on n'en trouve plus dans les éditions modernes les plus estimées.

même encore, il n'était plus pratiqué dans la prononciation, et se confondait dans l'usage avec l'accent aigu.

Quant à l'accent grave, comme la voix doit toujours se rabaisser sur la syllabe ou les syllabes qui suivent celle qui est accentuée de l'aigu, il n'était pas nécessaire de l'écrire, puisqu'il n'était destiné qu'à marquer cet abaissement de la voix : il fut donc également éliminé. Or, cette suppression de l'accent circonflexe et du grave étant consacrée par l'usage universel de tant de siècles, il nous paraît nécessaire de la maintenir.

C'est donc de l'accent aigu seulement que nous nous proposons de donner ici les règles.

II.

Dans tous les mots latins, sauf dans les *enclitiques* (*) et les *proclitiques* (**), dont nous parlerons plus bas, il y a toujours une syllabe sur laquelle on doit appuyer plus fortement que sur les autres, en élevant plus ou moins le ton de la voix, qu'on rabaisse ensuite sur la syllabe ou les syllabes subséquentes, lesquelles doivent se prononcer d'une voix relativement faible, c'est-à-dire sensiblement moins forte que la syllabe accentuée.

Prenons pour exemple le mot latin *Verberárĕ*.

Les deux premières syllabes, *Verbe*, doivent se prononcer d'un ton de voix ordinaire ; la syllabe *rā*, qui porte l'accent, d'une voix beaucoup plus forte, et d'un ton plus élevé : de plus elle doit être prolongée, puisqu'elle est longue ; et la dernière syllabe *rĕ* se prononcera d'un ton notablement moins élevé que la syllabe précédente, et d'une voix plus faible ; enfin elle doit être prononcée rapidement, puisqu'elle est brève.

(*) *Enclitique* vient du mot grec Ἐγκλίνεσθαι *se pencher sur*.

(**) *Proclitique* vient du grec Προκλίνεσθαι *se pencher en avant*.

Encore un exemple : *Dómĭnōs.*

La syllabe *Dŏ*, qui est accentuée, se prononce d'une voix plus élevée et plus forte que les syllabes subséquentes, mais avec rapidité, puisqu'elle est brève.

La voix se rabaisse sur *mĭnōs*, en prononçant rapidement la syllabe *mĭ*, puisqu'elle est brève, et en prolongeant la syllabe *nōs*, qui est longue.

Cette élévation de la voix, aussi bien que le signe ′, qui l'indique, s'appelle accent tonique, et la syllabe accentuée prend le nom de syllabe tonique.

III.

DE L'ACCENT TONIQUE EN FRANÇAIS.

Toutes les langues ont un accent tonique, plus ou moins sensible, plus ou moins varié ; on le remarque moins en français, parce qu'il y est plus uniforme.

Les règles fixes, et en quelque sorte grammaticales, de l'accent dans la langue française sont fort simples, et se réduisent à deux. Les voici :

1ʳᵉ Dans tout mot terminé par une syllabe muette, la syllabe tonique est l'avant-dernière. Exemples :

Prudence,   admirable,   suffisance.

2ᵉ Dans tout mot dont la dernière syllabe n'est pas muette, la syllabe tonique est la dernière. Exemples :

Prudemment,   admirateur,   suffisamment.

Lisez à haute voix, en articulant avec énergie les vers suivants :

Le masque tombe, l'homme reste,
Et le héros s'évanouit.   (ROUSSEAU.)

. . . . Notre souffleur à gage
Se gorge de vapeurs, s'enfle comme un ballon,
Fait un vacarme de démon,
Siffle, souffle, tempête, . . . (LA FONTAINE, Liv. VI, F. 3.)

et il vous sera impossible de ne pas sentir la force et
l'élévation de la voix sur les syllabes accentuées. Ces
exemples sont loin de donner une idée complète de
l'effet et de l'harmonie que produit l'accent en latin ;
mais du moins ils en donnent l'idée la plus exacte
possible.

Nous n'avons pas voulu parler ici de certaines éléva-
tions de la voix, très-diverses suivant le sentiment qui
anime l'orateur, suivant l'énergie, la véhémence qu'il
veut communiquer à certaines syllabes : de pareils
accents, qu'on pourrait appeler *accents oratoires*, ne
peuvent être assujettis à aucune règle.

Si l'accent en français, malgré son uniformité, sa
monotonie, produit un effet si admirable dans les vers
qu'on vient de lire, et, s'il est impossible de le supprimer, sans en détruire toute l'harmonie, que devient
l'harmonie de la langue latine, dont l'accent est si
varié, avec la manière barbare dont nous la prononçons
ordinairement en France, où les règles de la quantité,
et surtout celles qui régissent l'accent, sont si souvent
méconnues, du moins dans la pratique ?

IV.

L'accent, par sa nature, est destiné à donner au
discours plus de grâce, d'énergie et de clarté, à faire
distinguer plus facilement chacun des mots dont la
phrase est composée, et même à distinguer les diffé-
rentes significations de bien des homonymes.

En général il se place, en latin, sur tous les mots
polysyllabes ou monosyllabes, variables ou invariables,
qui sont véritablement par eux-mêmes représentants
d'une idée, qui ont par eux-mêmes de la consistance,
et une signification indépendante, jusqu'à un certain
point.

Les mots au contraire qui n'ont pas de consistance
par eux-mêmes, qui n'offrent à l'esprit qu'une idée
vague, qui n'ont de sens que par leur union à quelque autre mot, n'ayant pas en quelque sorte de sub-

stance qui leur soit propre, sont généralement privés d'accent ; ils se joignent dans la prononciation aux mots qui leur servent de soutien, et sans lesquels ils ne présenteraient aucune idée précise. Ils se fondent avec eux ; ils s'y unissent comme l'accessoire s'unit au principal, comme le faible s'attache au fort qui le soutient.

V.

Dans tout mot latin, même composé, quelque long qu'il soit, il ne peut y avoir qu'une seule élévation de la voix, et conséquemment qu'un seul accent tonique. Deux accents dans un même mot nuiraient évidemment à la distinction des mots, et par conséquent à la clarté de la phrase : le but de l'accent serait manqué. Exemples : *Desperatióne*, *Respública*, *Calefácio*, *Satisfacerémus*, *Misericordiárum*.

Sur quelle syllabe doit être placé l'accent tonique dans les mots accentués, et quels sont les mots privés d'accent ? C'est ce que nous allons maintenant expliquer.

CHAPITRE I.

DES MOTS ACCENTUÉS.

§ 1. *Des monosyllabes.*

Tout monosyllabe, à moins qu'il ne soit *enclitique* ou *proclitique*, porte un accent. Exemples :
mé, *tú*, *vós*, *ís*, *súm*, *és*, *ést*, *súnt*, etc.

§ 2. *Des dissyllabes.*

Tout dissyllabe, qui n'est pas proclitique, doit être

accentué sur la pénultième, qu'elle soit longue ou brève. Exemples : *móres, módus, víncunt, méus.*

§ 3. *Des mots de plus de deux syllabes.*

Dans les mots de plus de deux syllabes, à moins qu'ils ne soient proclitiques, si la pénultième est longue, elle porte toujours l'accent. Exemples : *Dominórum, Amabámus, Audíre.*

Si la pénultième est brève, l'accent recule toujours sur l'antépénultième, quand même celle-ci serait brève, et jamais au delà, en sorte qu'il ne peut jamais y avoir plus de deux syllabes, après la syllabe accentuée. Exemples : *Dómĭnus, Víncĕre, Amabímĭni, Dilígĕre.*

N. B. Par ce que nous venons de dire dans les deux derniers paragraphes, on voit, 1° qu'il ne peut jamais y avoir d'accent tonique et par conséquent d'élévation de la voix sur la dernière syllabe d'un mot polysyllabe, sauf les exceptions dont nous parlerons plus bas, dans les deux paragraphes suivants.

2° On voit encore que l'accent ou élévation de la voix affecte de préférence le radical, ou du moins tend à s'en rapprocher le plus possible, afin de faire mieux ressortir, de mettre en quelque sorte en relief et en lumière, le sens que contient ce radical, l'idée principale et dominante du mot, tandis que la voix se rabaisse en s'affaiblissant sur la terminaison, comme n'offrant qu'une idée accessoire :

§ 4. *Des mots composés.*

Les mots composés suivent les règles générales de l'accent.

Exceptions :

1° Tout composé de *Fácere* qui ne change pas *fácere* en *fícere*, garde partout l'accent où le prend le verbe simple, tant au passif qu'à l'actif. Exemples : *Satisfácit, calefác, Tepefít.*

2° Les mots déclinables, composés de deux éléments également déclinables , conservant chacun la terminaison qui leur est propre, ne prennent qu'un seul accent, et c'est toujours celui qui appartient au second mot, suivant les règles générales. Exemples : *Jurisconsúltus, Respública , suaverúbens* (quoique *rŭ* soit bref), *Tribunusmílitum.*

§ 5. *Retranchement d'une voyelle finale , contraction et syncope.*

Tous les mots dont la voyelle finale a été retranchée, ou dont les deux dernières syllabes sont contractées en une seule, ou bien ont subi une syncope, conservent l'accent à la place qu'il occupait avant le retranchement, la syncope ou la contraction. Exemples :

Virgíli, pour *Virgílie,* ⟩ vocatifs tombés
Fabríci, pour *Fabrície,* ⟨ en désuétude.
Híc, istíc, illíc, istúc, adhúc, etc., pour *hícce, istícce, illícce,* etc.
Vidén, pour *vidésne.*
Benedíc , pour *benedíce,* inusité.
Indúc, pour *indúce,* Impér. inusité de *indúco.*

Tous les mots déclinables dont le nominatif est en *as* génitif *átis,* étant primitivement en *átis,* au nominatif comme au génitif, prennent l'accent sur la finale *as* au nominatif, à cause de la syncope et de la contraction, comme *Potestás, g. potestátis; Optimás, g. -átis; Mecœnás, g. átis,* etc.

On accentue également sur l'avant-dernière les parfaits *finíit, audíit,* etc., à cause de la syncope, et sur la dernière *finít; audít,* pour *finíit , audíit,* à cause de la contraction.

On accentue également sur la dernière *Deúm* pour *Deórum ; nostrúm, vestrúm,* pour *nostrórum, vestrórum,* anciens génitifs des pronoms *nos, vos,* à cause de la syncope et de la contraction.

§ 6. *Mots étrangers.*

Les mots étrangers qu'on a assujettis à la déclinaison latine, suivent les règles générales, au cas où ils ont une terminaison vraiment latine. Exemples : *Jacóbus, Josépho, Adámum.*

Mais, s'ils conservent leur forme étrangère, on les accentuera suivant les règles de la langue à laquelle ils appartiennent.

N. B. Les mots hébreux, non latinisés, ont généralement l'accent sur la dernière syllabe. Ainsi on accentue sur la dernière : *Amén, Cherubím, Abrahám, Jacób, Jerusalém ; Israél, Naamán,* etc.

CHAPITRE II.

DES MOTS PRIVÉS D'ACCENTS.

Le plus grand nombre des mots privés d'accents sont indéclinables ; il y en a de deux sortes : les enclitiques et les proclitiques.

Les enclitiques s'appuient sur le mot qui les précède, et s'y unissent dans l'écriture comme dans la prononciation.

Les proclitiques, au contraire, s'appuient sur le mot qui les suit, mais s'écrivent séparément.

§ 1. *Enclitiques.*

Les mots enclitiques sont tous monosyllabiques. Ils attirent l'accent sur la dernière syllabe du mot auquel ils sont joints, lors même que cette syllabe serait brève. Les enclitiques sont :

1° *Que* pour *et, ve* pour *vel, ne* dubitatif. Exemples :

Cibíque— *Valetudinéque*— *Itáque* (et ainsi) — *Aureúsve*
— *Belláve* — *Venerúntne?*

Mais si ces particules sont partie intégrante d'un mot
composé, dont elles ne peuvent être retranchées, sans
en dénaturer la signification, le mot dont elles font
partie s'accentue suivant les règles générales des polysyllabiques. Exemples : *ítaque* (c'est pourquoi), —
Dénique, etc. Il faut cependant faire exception pour
les adjectifs *utérque*, et *Pleríque*, qui prennent toujours l'accent sur la syllabe qui précède *que*. Exemples :
Utráque manus. — *Pleráque dóna*.

N. B. Nous avons dit tout-à-l'heure que *ne* dubitatif
est enclitique. En effet, si *ne*, bien qu'employé dans
une proposition de forme interrogative, ne marquait
pas le doute, et qu'il ne servît qu'à donner plus d'énergie à une affirmation, comme il ne serait pas dubitatif,
il faudrait dans ce cas suivre la règle générale du § 3
du chap. 1er. Exemples : *Tántăne tíbi júrgia?* — *Bélláne
tam cruénta ésse! Orpheúmne?* — *Aureúsne?* à moins
que le mot auquel *ne* serait joint n'eût la pénultième
et la dernière brèves; car dans ce cas on devrait
toujours accentuer la syllabe qui précède *ne*, comme
si ce dernier était dubitatif. Exemples : — *Aureáne?*
— *Spectoculáne?*

2° Les grammairiens considèrent comme enclitiques
les particules inséparables *ce, pse, pte, te, met, dem,
nam, dum*, lesquelles attirent par conséquent l'accent
sur la syllabe qui les précède immédiatement, qu'elle
soit longue ou brève. Exemples : *Hujúsce, reápse,
vobísmet, ibídem, ubínam, intérdum*.

Toutefois, suivant Priscien, *Utinam*, ne porte aucun
accent.

3° Les grammairiens regardent aussi comme enclitique la préposition *cum*, unie aux pronoms personnels,
et dans ce cas l'accent est toujours sur la syllabe qui
précède immédiatement. Exemples : *Nobíscum, vobís-
cum;* mais *cum* précédé du relatif, reçoit lui-même
l'accent, *quocúm quibuscúm*.

N. B. Aucun grammairien n'a jamais considéré

comme enclitiques les monosyllabes qui se déclinent ou se conjugent, comme *mé, té, sé, nós, vós, súm, és, ést, súnt,* etc.

Ils sont au contraire toujours accentués. C'est donc une faute grave d'accentuation, qui se commet très-souvent, que de prononcer comme un seul mot :

Díligam té — Abscóndere nós — Amátus ést — Admóniti súnt.

La voix qui s'est élevée sur l'accent des polysyllabes ci-dessus, après s'être abaissée sur la syllabe, ou les deux syllabes finales, doit se relever, et appuyer assez fortement sur les monosyllabes accentués *té, nós, ést, súnt.*

§ 2. *Proclitiques.*

Les proclitiques, quoique écrits séparément du mot suivant, sont privés d'accent, comme les enclitiques. Ils s'unissent et se fondent dans la prononciation avec le mot suivant, comme n'en faisant qu'un seul, sans toutefois faire subir aucun changement de place à l'accent que le second mot doit porter suivant les règles générales.

Mais les proclitiques ne sont considérés comme tels, et ne sont privés d'accent que lorsqu'ils sont placés dans l'ordre prépositif, c'est-à-dire soit à la tête de la proposition, soit avant un mot sur lequel ils puissent s'appuyer, avec lequel ils puissent s'unir et se fondre dans la prononciation ; sans cette condition, c'est-à-dire placés dans l'ordre postpositif, ou seuls comme dans une citation, ils cessent d'être proclitiques, et reprennent l'accent qui leur appartient suivant les règles générales exposées au chapitre premier.

Les proclitiques sont ou des prépositions, ou des adverbes, ou des conjonctions, ou des interjections, ou des adjectifs relatifs.

SECTION 1ʳᵉ. — *Des Prépositions proclitiques.*

1° Les prépositions simples, même polysyllabiques,

placées avant leur régime, ne prennent jamais d'accent, et sont proclitiques.

N. B. Les prépositions sont considérées comme simples, lorsque les éléments dont elles sont formées ne sont pas tous les deux des mots vraiment latins. Telles sont :

A , ab , ex , sub , subter , erga , propter , super , etc. Exemples : *a - té* (*) , *sub - mónte , Propter - vós.*

Mais ces mêmes prépositions, placées après leur régime, cessent d'être proclitiques, et reçoivent par conséquent l'accent. Exemples :

Vós ínter, — *Té sine,* à moins qu'elles ne soient dans ce cas suivies d'un génitif; car alors elles redeviennent proclitiques et perdent l'accent. Exemples : *Métum prosper - hóstium.*

2° Les adverbes simples, employés comme prépositions, et placés avant leur régime, sont également proclitiques, et par conséquent privés d'accent. Exemples : *Supra - nós.* — *Infra - dómum.*

Mais placés après leur régime, ils reprennent l'accent. Exemples : *Nós súpra.* — *Dómum ínfra.*

Les prépositions prises adverbialement sont toujours accentuées. Exemples : *Póst vénit.* — *ánte scrípseram.*

SECTION IIe. — Des Adverbes proclitiques.

Les adverbes monosyllabiques, qui ne sont pas susceptibles de jouer le rôle de prépositions, sont encore considérés comme proclitiques, et par conséquent privés d'accent, lorsqu'ils sont placés dans l'ordre prépositif, c'est-à-dire à la tête de la proposition ; dans l'ordre postpositif, ils cessent d'être proclitiques et reprennent l'accent. Exemples : *Jam - vénit.* — *Cras - véniet.* — *Nunc - paráta.* — *Non - respóndit.*

Vénit jám. — *Véniet crás.* — *Paráta núnc.* — *Respóndit túnc.*

(*) Le signe -, placé entre deux mots, annonce que le premier est proclitique, par conséquent privé d'accent, et qu'il doit s'unir au suivant dans la prononciation, comme si les deux n'en faisaient qu'un seul.

Ne, servant à défendre, doit être accentué : *né interjícias ;* dans une proposition subordonnée, il est proclitique et sans accent. Exemple : *Impedívit ne-interfíceret.*

Né, adverbe d'affirmation, est toujours accentué.

SECTION IIIᵉ. *Des Conjonctions proclitiques.*

Les conjonctions simples, et même les conjonctions composées dissyllabiques, sont également considérées comme proclitiques, et par conséquent dépourvues d'accent, lorsqu'elles sont placées dans l'ordre prépositif ; mais placées autrement, elles portent un accent. Telles sont les conjonctions *et, ut, sed, atque, neque, quoque, vero, quoniam, etiam.* Exemples :

Et-Réx, at-ílle, neque-cívitas, si-volúeris, Quoniam-fécit.

Tú véro, is énim, mé quóque, Pátrem út díligat.

OBSERVATIONS.

1° Une conjonction est composée lorsqu'elle est formée de deux mots vraiment latins, se réunissant pour n'en former réellement qu'un seul, quant au sens, comme *Dúmmodo, áttamen, etiámsi, ítaque* (c'est pourquoi); ainsi *Dúmque* (et tandis que) n'est pas une conjonction composée, parce que, bien que nous trouvions là deux conjonctions unies dans l'écriture et la prononciation, ce sont pourtant deux mots parfaitement distincts quant au sens (*et-Dum*).

Itáque (et ainsi) n'est pas non plus une conjonction composée, pour la même raison ; c'est la conjonction *que* unie à l'adverbe *ita* (*Et-íta*).

Quoniam n'est pas non plus une conjonction composée, parce qu'elle n'est pas formée de deux mots vraiment latins : c'est une conjonction simple.

2° Une conjonction simple, prise dans un sens tout à fait adverbial, prend l'accent, par exemple *Pórro*, dans le sens de *en avant, au loin ;* mais dans le sens de *or*, il est conjonction, et par conséquent proclitique. Exemples : *Agére pórro arméntum. — Pórro-vidémus.*

3° Certaines conjonctions ont, dans la même proposition, un sens simultanément conjonctif et adverbial, comme *Quasi*, *igitur*, *postquam*, *etsi*, *velut*, etc. On doit les ramener à la règle des conjonctions : ainsi, dans l'ordre prépositif, elles ne sont pas accentuées.

SECTION IVe. — *Des Interjections.*

Les interjections n'étant destinées qu'à exprimer les divers sentiments de l'âme, ne peuvent guère être assujetties à des règles fixes : elles sont donc facultativement accentuées ou non accentuées, suivant le sentiment plus ou moins vif, plus ou moins fort qui anime celui qui parle.

Toutefois on peut dire qu'elles s'accentuent ordinairement, et suivant les règles générales.

SECTION V^e. — *Des Adjectifs et Adverbes relatifs.*

Les adjectifs et les adverbes relatifs peuvent aussi, pour la plupart, être employés dans le sens interrogatif ou exclamatif. Tels sont : *Qui*, *quis*, *qualis*, *quantus*, *quot*, *quotus*, *quando*, *qualiter*, *quantum*, *quam*, *quoties*, *cur*, *ubi*, *quo*, *qua*, *unde*.

Dans le sens relatif, ils sont toujours privés d'accent, en qualité de proclitiques; au contraire, dans l'interrogation directe ou l'exclamation, ils doivent être accentués. Exemples :

Réx qui-ímperat. — Díc míhi ubi-sít. — Néscio cur-abíerit. — Vídes quantum-té ámem. — Néscio unde-sólvat.

úbi est? — cúr ábit? — quántum té ámo! — únde sólvet? — quám jucúndum ést!

Du reste, tout mot, variable ou invariable, servant à une interrogation ou à une exclamation directe, ne peut jamais être proclitique, mais il porte toujours un accent. Exemples : *út sustínuit? — quí fít? — út demíssus érat!*

N. B. Dans tout ce que nous venons de dire sur les proclitiques, nous avons toujours supposé qu'il n'y en a qu'un seul, précédant immédiatement un mot accentué, sur lequel il puisse s'appuyer, et avec lequel il puisse se fondre dans la prononciation. Mais si un proclitique était suivi d'une enclitique, ou que deux mots, tous deux susceptibles d'être proclitiques, se suivissent immédiatement dans le même membre de phrase, il n'y en aurait, du moins généralement, qu'un seul privé d'accent. Voici les règles qu'il faut suivre à cet égard :

1° Si un proclitique est suivi d'une enclitique, le premier est toujours accentué. Exemple : *Cúmque intueréntur íllum.*

2° Si le second proclitique se trouve placé dans l'ordre postpositif, il cesse d'être proclitique, le premier seul est privé d'accent. Exemples : *Si - aútem. — Qui - érgo.*

3° Si le premier est une préposition suivie de son régime, le second seul peut être accentué. Exemple : *In - quórum mánibus.*

4° Si tous les deux étaient d'une très-faible valeur, quant au sens et au poids matériel des mots, il serait mieux de les priver tous deux d'accent, et de les fondre dans la prononciation avec le mot suivant. Exemples : *Et - in - sǽcula. — In - quem - sperámus.*

5° Dans tous les autres cas, c'est toujours le premier qui reçoit l'accent, n'ayant pas après lui un mot sur lequel il puisse s'appuyer, et le second en reste privé. Exemples : *átque per - ágros. — néque qui - métit. — quóniam non - súm. — pórro, si - vólumus.*

APPENDICE

SUR LA QUANTITÉ DANS SES RAPPORTS AVEC L'ACCENTUATION.

—

Bien que dans les mots de plus de deux syllabes, comme nous l'avons expliqué plus haut, la place de l'accent soit déterminée par la quantité de la pénultième, et qu'il y ait par conséquent des rapports essentiels entre l'accentuation et la quantité, gardons-nous bien de confondre l'élévation de la voix sur une syllabe avec le prolongement de cette syllabe, c'est-à-dire, l'accent tonique avec la quantité.

De même qu'il y a beaucoup de syllabes longues non accentuées, il y a aussi beaucoup de syllabes brèves qui portent l'accent. Les brèves accentuées n'en doivent pas moins demeurer brèves, et se prononcer rapidement. On peut en effet élever la voix et appuyer fortement sur une syllabe sans la prolonger. Les longues non accentuées, et par conséquent d'un son faible, n'en doivent pas moins être prolongées. Ne peut-on pas en effet prolonger un son sans élever la voix, ni prononcer fortement ?

Dans *Dóminōs*, par exemple, la syllabe *Dŏ*, brève et accentuée, est prononcée rapidement, et cependant la voix s'y élève, en appuyant plus fort que sur les autres syllabes ; la syllabe *nōs*, au contraire, longue et non accentuée, se prononce lentement, en prolongeant le son plus longtemps que dans les autres syllabes, nonseulement sans élever la voix, mais même d'un ton plus faible que la syllabe *Dŏ*.

Nous posons donc en principe que l'accent tonique ne peut jamais rendre longue une syllabe brève, et qu'il y a par conséquent en latin des syllabes toniques longues et des syllabes toniques brèves. En effet, l'*ŏ* accentué de *Dóminus* ne peut avoir la longueur et la gravité de l'*ō*, également accentué, de *amóribus*.

L'*ŏ* de *pópulus* (peuple) n'est pas de même nature que l'*ō* de *pópulus* (peuplier).

Il en est de même de l'*ă* de *Fácis*, et de l'*ā* de *orátis* ; de l'*ă* de *málus* (mauvais), et de l'*ā* de *málus* (pommier) ; de l'*ĭ* de *víres* (2e p. s. de *víreo*), et de l'*ī* de *víres* (plur. de *vis*).

L'accent tonique, je le répète, n'indique nullement la longueur du son d'une voyelle, mais simplement l'élévation et la force du ton de la voix.

Il y a en effet dans toutes les langues des syllabes toniques longues et des syllabes toniques brèves.

Ainsi en français, dans les deux mots *patte* et *pâte*,

nous élevons la voix en appuyant sur la syllabe *pa* plus fort que sur la syllabe *te ;* toutefois nous passons rapidement sur *pa*, dans le premier mot, tandis que nous prolongeons le son de l'*a* dans le second.

Il en est de même de l'*o* dans *marotte* et dans *apôtre*, de la diphthongue *ou*, dans *bourse* et dans *poutre*.

Voici quelques textes accentués suivant les règles exposées dans ce traité.

EXORDE DE LA PREMIÈRE CATILINAIRE.

Quoúsque tándem abutére, Catilína, patiéntia nóstra? Quándiu étiam fúror íste tíus nós elúdet? Quém ad - fínem sése effrenáta jactábit audácia? Nihílne té noctúrnum præsídium palátii, nihil úrbiss vigíliæ, nihil tímor pópuli, nihil concúrsus bonórum ómnium, nihil híc munitíssimus habéndi senátus lócus, nihil hórum óra vultúsque movérunt? Quid - próxima, quid - superióre nócte égeris, ubi - fúeris, quos - convocáveris, quid - consílii céperis ; quém nostrúm ignoráre arbitráris? O témpora, ó móres! Senátus hæc intélligit, cónsul vídet : híc támen vivit. Vívit? Immo véro étiam in - senátum vénit : fít públici consílii párticeps : nótat et - desígnat óculis ad - cædem unumquémque nostrúm. Nós aútem víri fórtes, satisfácere reipúblicæ vidémur, si - istíus furórem ac - téla vitémus.

DISCOURS D'ALEXANDRE MALADE AU BORD DU CYDNUS.

(QUINTE CURCE.)

In - quo mé artículo rérum meárum fortúna deprehénderit, cérnitis. Strépitum hostílium armórum exaudíre míhi vídeor ; et - qui - últro íntuli béllum, jam - próvocor.

Dárius érgo, quúm tam - supérbas lítteras scríberet, fortúnam méam in - consílio hábuit ; sed - nequidquam, si - míhi arbítrio méo curári lícet. Lénta remédia et - ségnes médicos non - éxpetunt témpora méa ; vel - móri strénue quam - tárde convaléscere míhi mélius ést : proínde, si - quíd ópis, si - quíd ártis in - médicis ést, sciant mé nón tam - mórtis quam - bélli remédium quárere.

SIMPLIFICATION DE L'ACCENTUATION.

—

Après un certain temps d'exercice sur des textes complétement accentués, l'accentuation écrite pourra être simplifiée de la manière suivante :

1° On n'écrira pas d'accent sur les monosyllabes.

2° On n'écrira pas non plus d'accent sur les dissyllabes ; on se rappellera qu'ils sont toujours accentués sur la pénultième.

3° On n'écrira pas non plus d'accent sur un mot de plus de deux syllabes, dans lequel la pénultième étant diphthongue, ou bien suivie d'un x ou de deux consonnes, est toujours longue, et par conséquent accentuée, comme dans *Longævus*, *Adauge*, *Illuxit*, *Amantem*.

4° Dans le cas d'une exception ou d'une difficulté, l'accent sera toujours marqué.

5° Le signe -, placé entre deux mots, indiquera toujours que le premier, étant proclitique, ne doit pas être accentué, et par conséquent doit être uni au mot suivant dans la prononciation; mais le mot qui suit le trait d'union devra être accentué.

Un mot, même monosyllabique, qui n'est pas suivi d'un trait d'union, doit toujours être accentué, même quand l'accent n'y est pas écrit.

Voici quelques textes avec l'accentuation simplifiée. (Tiré du *Prophète Isaïe*, chap. 1ᵉʳ.)

Audíte, cœli; et-aúribus pércipe, terra, quoniam-Dóminus locútus est. Fílios enutrívi, et-exaltávi : ipsi autem sprevérunt me.

Cognóvit bos possessórem suum, et-ásinus præsépe dómini sui : Israél autem me non-cognóvit, et-pópulus meus non-intellexit.

Væ genti peccatríci, pópulo gravi iniquitáte, sémini nequam, fíliis scelerátis : dereliquérunt Dóminum ; blasphemavérunt sanctum Israél, abalienáti sunt retrorsum.

*Super - quo percútiam vos ultra , addentes prævarica-
tiónem? Omne caput lánguidum , et - omne cor mœrens.*

*A - planta pedis usque ad - vérticem , non - est ín - eo
sánitas : vulnus et - livor , et - plaga tumens , non - est
circumligáta , nec - curáta medicámine , neque - fota óleo.*

EXORDE TIRÉ DE LA QUATRIÈME CATILINAIRE.

*Vídeo , Patres conscripti , in - me ómnium vestrúm
ora atque - óculos esse conversos. Vídeo vos non - solum
de - vestro , ac - reipúblicæ , verum - étiam , si - id depul-
sum sit , de - meo perículo esse sollícitos. Est mihi ju-
cunda in - malis , et - grata in - dolóre , vestra erga - me
voluntás: sed - eam, per - Deos immortáles ! quæso, depó-
nite , atque - oblíti salútis meœ , de - vobis , ac - de - líberis
vestris cogitáte. Mihi quidem si - hæc conditio consulá-
tus data est , ut - omnes acerbitátes, ómnes dolóres, cru-
ciatúsque perferrem : ferram non - solum fórtiter , sed -
étiam libenter , dúmmodo meis labóribus , vobis populóque
Románo dígnitas salúsque pariátur.*

FIN.

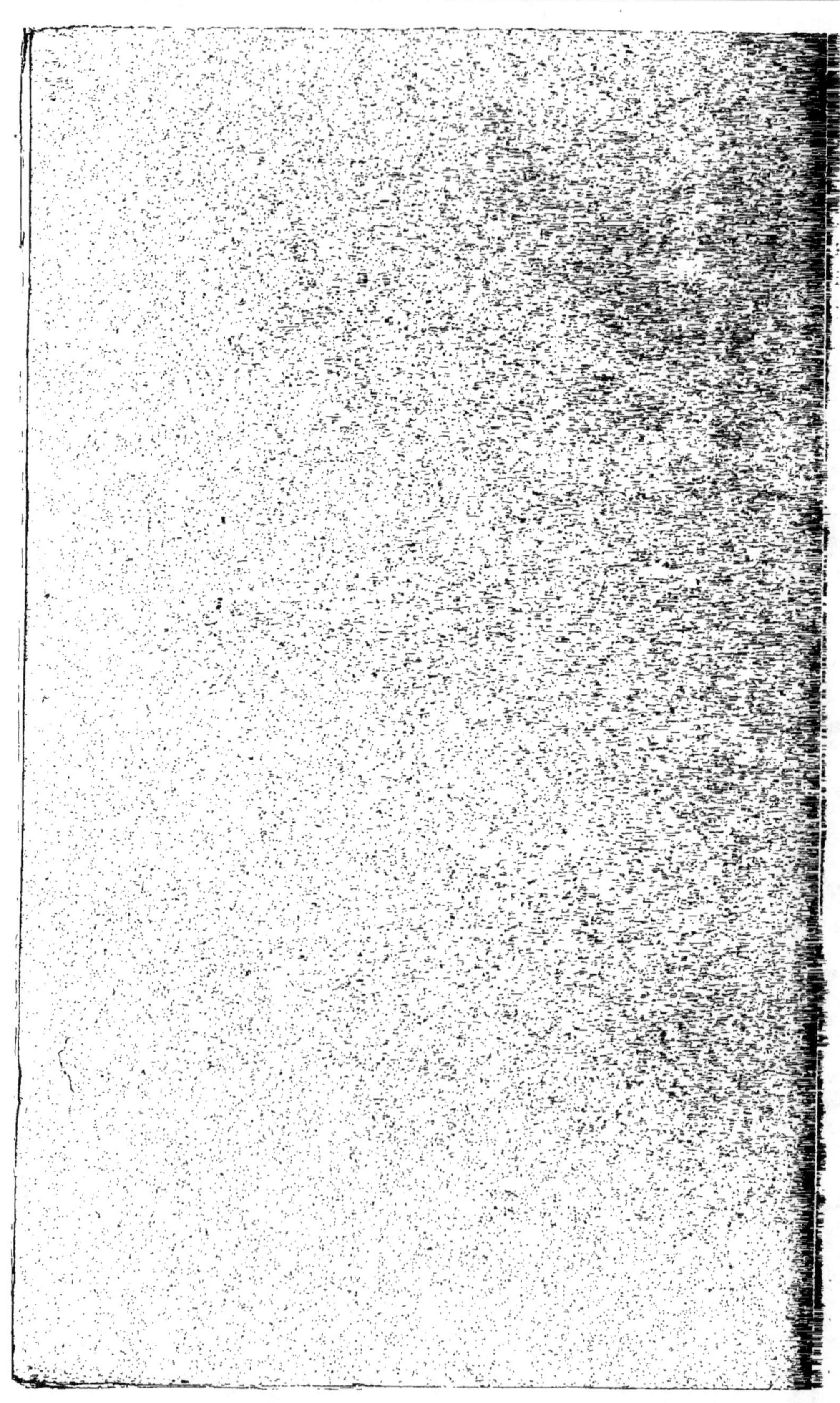